Die Verwaltung eines elektronischen Karteisystems. Erstellung einer einfachen Java-Anwendung

Bibliografische Information der Deutschen Nationalbibliothek:

Die Deutsche Nationalbibliothek verzeichnet diese Publikation in der Deutschen Nationalbibliografie; detaillierte bibliografische Daten sind im Internet über http://dnb.d-nb.de abrufbar.

ISBN: 9783389017982
Dieses Buch ist auch als E-Book erhältlich.

Druck und Bindung: Books on Demand GmbH, Norderstedt Germany
Gedruckt auf säurefreiem Papier aus verantwortungsvollen Quellen

Das vorliegende Werk wurde sorgfältig erarbeitet. Dennoch übernehmen Autoren und Verlag für die Richtigkeit von Angaben, Hinweisen, Links und Ratschlägen sowie eventuelle Druckfehler keine Haftung.

Das Buch bei GRIN: https://www.grin.com/document/1469827

AKAD

Bildungsgesellschaft mbH

Informatik – Bachelor of Science (B. Sc.)

JAV41 - Programmieren in Java 1

Assignment

Elektronische Kartei

Erstellung einer einfachen Java-Anwendung zur
Verwaltung eines elektronischen Karteisystems.

Anmeldedatum: 15.08.2023
Abgabedatum: 18.08.2023

Inhaltsverzeichnis

Abbildungsverzeichnis

Abkürzungsverzeichnis

API ....Application Programming Interfaces/Programmierschnittstellen

GUI..Graphical User Interface

IDE .... Integrated Development Environment/Integrierte Entwicklungsumgebung

IP..Internet Protocol

JVM .... Java Virtual Machine

TCP ....Transmission Control Protocol

UML...Unified Modeling Language

WWW ....World Wide Web

1. Einleitung

1.1 Problemstellung der Arbeit

„Während in den 80er Jahren noch die imperativen Programmiersprachen dominierten, haben sich in den letzten Jahren sowohl im Ausbildungsbereich als auch im industriellen Umfeld objektorientierte Programmiersprachen durchgesetzt, insbesondere die Sprache Java."[1] Seitdem schritt die Digitalisierung in allen Bereichen voran und Software durchdringt zunehmend die Arbeitswelt und das gesellschaftliche Leben. Um bei der Gestaltung der digitalen Welt mitwirken zu können, ist eine qualifizierte Programmierausbildung unerlässlich. Aufgrund der Vielzahl elektronischer Systeme sind unterschiedliche Programmiersprachen erforderlich, um die besten Ergebnisse erzielen zu können. Aufgrund ihrer Plattformunabhängigkeit ist Java eine der populärsten und meistgenutzten Programmiersprachen.[2] Allerdings halten die Einstiegsfehler und die Komplexität des Programmierprozesses viele Anfänger vom Einstieg in die Programmierung ab.

1.2 Zielsetzung der Arbeit

Das Ziel dieser Arbeit ist es die ersten Schritte des Programmierens am Beispiel der Erstellung eines elektronischen Karteisystems zu erlernen. Für die Entwicklung dieser Java Anwendung müssen die Klassen „Freund", „Adresse", sowie eine Klasse „Kartei" zur Verwaltung der Freunde angelegt werden. Zur Unterstützung des Programmes wird eine weitere Klasse „Person" angelegt. Die Klassen und Kommentare im Quellcode sind auf Englisch verfasst, da die Übersetzung englischer Begriffe häufig deren Bedeutung verfälscht. Es hat sich im Laufe der Jahre und durch internationale Kollaborationen bei Softwareprojekten zum Standard entwickelt. Deshalb wurden die Klassen „Friend", „Address", „IndexCard" und „Person" benannt. Über ein Main-Programm wird dem Nutzer ermöglicht verschiedene Freunde mit ihren jeweiligen Adressen in einer Kartei anzulegen. Die Funktionalität des Programmes wird über die Erstellung und Ausgabe einer Adressliste aller Freunde geprüft. Mögliche Fehler während des

---

[1] Vgl. Boles and Boles, 2014, S. 2
[2] Vgl. Rumpe, 2011, S. 2

Programmierprozesses werden behandelt und dokumentiert. Zur Beschreibung der Klassen soll ein UML-Diagramm verwendet werden und Vorschläge zur strukturellen Verbesserung und Erweiterung des Programmes diskutiert werden.

1.3   Aufbau der Arbeit

Diese Arbeit gliedert sich in vier Kapitel. Der Punkt „Aufbau der Arbeit" schließt das erste Kapitel die Einleitung ab. Angeknüpft an die Einleitung erfolgt die Erarbeitung der theoretischen Grundlagen mit der Definition der wichtigen Begrifflichkeiten und den Merkmalen der Programmiersprache Java im zweiten Teil der Arbeit. Im dritten Kapitel wird die Konzeption der Java Anwendung und die Implementierung des elektronischen Karteisystems bearbeitet. Dieser Abschnitt bildet den inhaltlichen Schwerpunkt der Arbeit. Der Schlussteil gibt eine kurze Zusammenfassung der Ergebnisse sowie eine kritische Reflexion der eigenen Vorgehensweise.

2. Grundlagen der Java-Programmierung

Dieses Kapitel gibt einen kurzen Überblick über die Programmiersprache Java, sowie deren Merkmale und Besonderheiten. Es erfolgt ein kurzer Einblick in die objektorientierte Programmierung inklusive deren Konzeptionierung und Implementierung.

2.1   Die objektorientierte Programmiersprache Java

Ursprünglich wurde Java erstmals unter dem Namen „Oak" von der Firma „Sun Microsystems" entworfen und vorgestellt.[3] Später wurde die objektorientierte Programmiersprache unter dem Namen „Java" 1995 veröffentlicht wurde. Die Firma „Sun Microsystems" wurde später von Oracle übernommen und entwickelte die Programmiersprache weiter, die sich innerhalb kurzer Zeit etablieren konnte.[4] Diese Entwicklung wurde begünstigt durch die Verbreitung von Web-Technologien und die breite Anwendbarkeit der Programmiersprache.[5] Java wird als universelle Programmiersprache für eine Vielzahl industrieller Anwendungen auf Client- als

---

[3] Vgl. Ullenboom, 2023, S.50
[4] Vgl. Hölzl, Raed and Wirsing, 2013, S. 1
[5] Vgl. Ratz et al., 2014, S. 1

auch auf Serverseite verwendet. Sie wird sowohl in mobilen Anwendungen als auch in Business Anwendungen eingesetzt. Die Plattformunabhängigkeit ist ein wesentliches Merkmal von Java. So können in Java programmierte Anwendungen, einschließlich ihrer grafischen Oberfläche ohne Anpassungen auf nahezu allen Computersystemen lauffähig ausgeführt werden.[6] Das Sprachkonzept sollte sich ursprünglich an C++ bzw. C orientieren. Allerdings konnten mit Java Programme zur direkten Einbindung und Ausführung in Webseiten entwickelt werden.[7] So war Java die erste Programmiersprache des WWW.[8]

2.2 Eigenschaften von Java

Die wichtigsten Eigenschaften von Java sind die Plattformunabhängigkeit und Internetfähigkeit. Die vom Java-Compiler aus dem Quellcode entwickelte Programme, auch Bytecode genannt, ist unabhängig von der Computerarchitektur. Solange auf dem Computer die Java Virtual Machine (JVM) bzw. eine Integrated Development Environment (IDE) installiert ist, lässt sich das Programm auf jedem Computer ausführen.

Java ist eine objektorientierte Sprache, die alle zentralen Aspekte der objektorientierten Programmierung unterstützt. Die Sprache ist bewusst einfach gehalten und stark typisiert. Bei der Übersetzung in Bytecode werden Datenüberprüfungen ausgeführt und Inkonsistenzen erkannt. Zur Zeichendarstellung wird der internationale Unicode Standard, die 16-Bitcodierung, verwendet. Im Programm genutzte Klassen können an unterschiedlichen Orten liegen und werden zur Laufzeit bei Bedarf geladen. Das Speichermanagement in Java erfolgt automatisch und nicht mehr benötigte Objekte können während der Laufzeit gelöscht und vom Laufzeitsystem freigegeben werden (Garbage Collection). Laufzeitfehler, die während der Abarbeitung des Programmes auftreten, werden strukturiert behandelt (Exception-Handling). Java unterstützt den parallelen Ablauf von eigenständigen Programmabschnitten (Multithreading). Die Java-Klassenbibliothek stellt verschiedene Schnittstellen (API) in Form von Klassen für

---

[6] Vgl. Abts, 2013, S. 19 f.
[7] Vgl. Ullenboom, 2023, S. 50 f.
[8] Vgl. Hölzl, Raed and Wirsing, 2013, S. 2

die Entwicklung zur Verfügung, sowie einfache Möglichkeiten zur Netzwerkkommunikation auf Basis von TCP/IP Protokollen.[9]

2.3 Begriffsdefinition

Die erste Phase der Entwicklung eines objektorientierten Programmes ist die Modellierungsphase. In dieser Phase wird die Ausgangssituation der Realisierung des Programmes analysiert und ein Entwurf erstellt. Hierzu die Unified Modeling Language (UML) für die grafische Darstellung des Entwurfes verwendet. UML umfasst eine Sammlung an Diagrammtypen, durch die Entwickler die Zusammensetzung und Kommunikation von objektorientierten Systemen in übersichtlicher Form darstellen können.[10] Zur benutzerfreundlichen Kommunikation und Interaktion zwischen Rechner und Anwender wird eine grafische Schnittstelle bzw. ein Graphical User Interface (GUI) verwendet. Der sogenannte Code legt die Darstellung der Informationen mittels eines gegebenen Zeichenvorrats fest.

2.4 Fehlerursache und -behandlung

Bei der Programmcodierung und -implementierung treten häufig Fehler auf. Dies können einfache Rechtschreibfehler (z. B. Groß- und Kleinschreibung) oder Syntaxfehler sein, die durch unsachgemäße Verwendung von Sprachelementen verursacht werden. Es können aber auch sogenannte semantische Fehler, die durch Fehler in der logischen Struktur bzw. Aufbaus des Programms verursacht werden. Sind bereits Fehler in der Problemanalyse vorhanden, können Programme eine logisch falsche Struktur aufweisen.[11] Beim Ausführen eines Programms können Fehler in verschiedene Typen eingeteilt werden, z. B. Benutzerfehler, Gerätefehler, unzureichende Ressourcen und Softwarefehler. Die Fehlerbehandlung erfolgt ursachenorientiert. Beispielsweise kann eine gut entworfene Benutzeroberfläche Anwenderfehler verhindern. Geräteausfälle können durch Austausch oder Reparatur der Hardware behoben und Ressourcenausfälle können durch eine Aufrüstung der Hardware vermieden werden. Durch einen

---

[9] Vgl. Abts, 2013, S. 5
[10] Vgl. Ratz et al., 2014, S. 206 f.
[11] Vgl. Ratz et al., 2014, S. 30

geeigneten Entwicklungsprozess und regelmäßigen Tests können viele Softwarefehler zur Entwicklungszeit gefunden werden.[12]

3. Konzeption eines elektronischen Karteisystems

Dieses Kapitel erläutert den Aufbau und die Gliederung des entwickelten Java-Programmes, sowie die Anforderungsspezifikationen der einzelnen Klassen auf Basis des formulierten Java-Codes.

3.1 Klassendiagramm eines elektronischen Karteisystems

Die Abbildung 1 stellt das UML-Klassendiagramm als grafische Übersicht der exemplarisch eingesetzten Methoden sowie des Mainprogrammes dar.

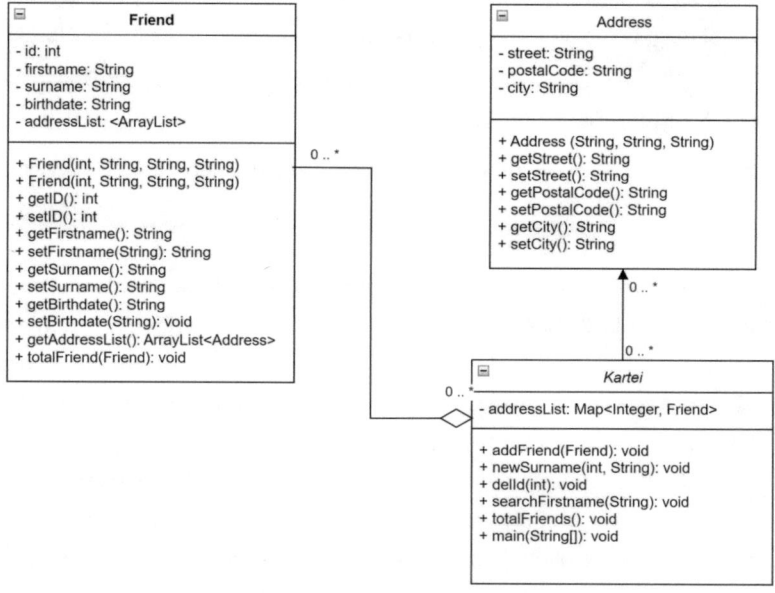

Abbildung 1: UML Klassendiagramm elektronisches Karteisystem

---

[12] Vgl. Hölzl, Raed and Wirsing, 2013, S. 215 f.

3.2 Klassen

In Java hat eine Klasse drei Hauptaufgaben. Diese Aufgaben lassen sich wie folgt zusammenfassen.

1. Eine Klasse bestimmt die Struktur eines Objekts.

2. Klassen bestimmen das Verhalten von Objekten.

3. Klassen werden zum Erstellen von Objekten verwendet.

Jede Klasse hat einen Namen und kann eine beliebige Anzahl von Variablen, Attributen und Methoden haben. Durch die Deklaration einer Klasse können neue Datentypen einführen und beliebig viele Instanzen innerhalb dieser Klasse erstellt werden. Vor der Klassendeklaration bzw. jedem Element innerhalb der Klassendeklaration können sogenannte Modifikatoren stehen. Am häufigsten werden die Schlüsselwörter `private`, `protected` und `public` verwendet, die sich auf den Zugriff auf nachfolgende Elemente auswirken. Für die Darstellung von Klassenvariablen und -methoden werden `static` und `final` verwendet. Dadurch werden die folgenden Elemente als Konstanten deklariert: UML-Diagramme ermöglicht den Entwicklern Abläufe auf einheitlicher Basis zu erstellen und Systembeschreibungen für Fachfremde nachvollziehbar zu gestalten.

3.2.1 Entwicklung der Klasse „Friend"

Für die Speicherung des Schlüssels wurde eine Variable mit dem Namen „`id`" mit dem Datentyp Integer (`int`) gewählt. Der Datentyp Integer ist eine Ganzzahl, durch die die Identifizierung eines jeden Freundes eindeutig und leicht lesbar macht. Um unbefugten Zugriff von Dritten zu verhindern, werden die Attribute der Kasse „Friend" mit dem Zugriffsmodifizier `private` deklariert. Die Adressen der Freunde werden mit einer `ArrayList` mit der Bezeichnung `<AddressList>` verwaltet. Die `ArrayList` ist veränderbar und kann beliebig viele Instanzen ohne festgelegte Länge der Klasse `Address` aufnehmen.[13] Nachfolgender Code gibt einen Überblick über die deklarierten Instanzvariablen:

```
private int id;
private String firstname;
private String surname;
private String birthdate;
private ArrayList <Address> addressList = new ArrayList<>();
```

---

[13] Vgl. Goll and Heinisch, 2016, S. 780

Der `new-Operator` instanziiert Objekte, indem der sogenannte Konstruktor der Klasse aufgerufen wird.[14] Dadurch kann für jeden erzeugten Freund ein Vorname, Nachname, ein Geburtsdatum und eine Adresse zugewiesen werden. Um innerhalb der Klasse `Friend` ein Konstruktor derselben Klasse aufzurufen, erfolgt dies mit dem Schlüsselwort `this`. Jedes Objekt hat somit eine Komponentenvariable, die eine Referenz auf das Objekt selbst enthält.[15] Mit der sogenannten Getter-Methode `getFirstname()` wird eine deklarierte Variable ausgelesen. Die sogenannte Setter-Methode `setFirstname()` ermöglicht die Änderung der als `private` deklarierte Variable `firstname` und überschreibt den aktuellen Wert. Der ausformulierte Code für das Beispiel `firstname` lautet wie folgt.

```
public String getFirstname() {
    return firstname;
}
public void setFirstname(String firstname) {
    this.firstname = firstname;
}
```

Mit dem Zugriffsmodifizier `public` wird die Sichtbarkeit der Methode bzw. des Unterprogrammes definiert. Das Schlüsselwort `void` gibt an, dass nur ein Eingabewert und kein Rückgabewert erwartet wird.[16]

3.2.2 Entwicklung der Klasse „Address"

Die Klasse `Address` besitzt von den Aufgaben vorgegebenen Variablen `street`, `postalCode` und `city`. Diese werden analog von der Klasse `Friend` ebenfalls durch den Modifier `private` geschützt.

```
private String street;
private String postalCode;
private String city;
```

Die Speicherung erfolgt in der `ArrayList <addressList>`, die sich in der Klasse `Friend` befindet. Für die Erzeugung der Objekte wurde ein Konstruktor durch den folgenden Code deklariert.

```
public Address (String street, String postalCode, String city){
    this.street = street;
    this.postalCode = postalCode;
    this.city = city;
}
```

---

[14] Vgl. Riesen, 2020, S. 53 ff.
[15] Vgl. Ratz *et al.*, 2014, S. 215 ff.
[16] Vgl. Riesen, 2020, S. 86

Wie in der Klasse `Friend` besitzen die Methodennamen dieselben Klassennamen. Ähnlich wie bei der Klasse `Friend` werden zum Auslesen und Überschreiben Getter- und Setter-Methoden verwendet.

3.2.3 Entwicklung der Klasse „IndexCard"

Die Klasse `IndexCard` hat die Aufgabe Freunde zu verwalten. Die Hauptbestandteile sind daher die Methoden zum Hinzufügen, Ändern, Suchen und Löschen von Freunden. Die `HashMap` bietet sich für die Verwaltung an, da jedem Schlüssel maximal ein Objekt zugeordnet werden kann und der Schlüssel dadurch eindeutig ist.[17] Ist der Schlüssel bereits vergeben, so erfolgt eine Fehlermeldung. Um den logischen Ablauf zu implementieren wurde eine if-Anweisung eingesetzt, welche die Existenz eines Schlüssels inspiziert. Die Prüfung erfolgt über eine boolesche Variable mit den Werten `true` oder `false`.

```
public class IndexCard {
    private static Map<Integer, Friend> addressList = HashMap<Integer, Friend>;
        public static void addFriend(Friend f){
        boolean idAvailable = addressList.containsKey(f.getId());

        if (idAvailable==true){
            System.out.println("Schlüssel"   +   f.getId()   +   "bereits
            vergeben, " + f.getFirstname() + " " + f.getSurname() + "kann
            nicht vergeben werden!\n");
        }
        else{
            addressList.put(f.getID(), f);
        }
    }
}
```

Die Methode zur Löschung eines Eintrages erfolgt über eine if-Anweisung und der booleschen Variable mit den Werten `true` und `false`. Durch die `remove`-Methode wird ein Eintrag komplett aus der `addressList` gelöscht.

```
public static void delId(int id){
    boolean idAvailable = addressList.containsKey(id);

    if (idAvailable == true){
        addressList.remove(id);
    }
    else {
        System.out.println("Keine   Einträge   mit   dem   Schlüssel   " + id +
        "vorhanden!\n");
    }
}
```

---

[17] Vgl. Silberbauer, 2020, S. 96

Eine Suche nach den Freunden anhand des Vornamens wurde exemplarisch entwickelt. Eine while-Anweisung unterstützt die Suche nach dem gewünschten Vornamen in der addressList und diesen auszugeben, falls dieser vorhanden ist.[18]

```
public static void searchFirstname(String n)
{
        int j = addressList.size();
        Iterator<Integer> iterator = addressList.keySet().iterator();
        while(iterator.hasNext())
        {
        Friend f = addressList.get(iterator.next());

        if(n.equals(addressList.get(f.getId()).getFirstname()))
            {
                Friend.outputFriend(f);
            }
        else
            {
                j = j - 1;
                if (j == 0)
                {
                    System.out.println("Der gesuchte Vorname " + n + " ist
                    nicht vorhanden\n");
                }
            }
        }
}
```

Durch die automatische Größenanpassung anhand der vorhandenen Elemente der ArrayList kann mit der Methode size die jeweilige Anzahl der gespeicherten Freunde aus der addressList erzeugt bzw. ausgegeben werden.[19]

```
public static void totalFriends()
{
        System.out.println("Du hast " + addressList.size() + " Freunde in deiner
        Liste.");
}
```

3.3 Mainprogramm

Zur Ausführung eines Programmes ist die Implementierung einer Klasse mit einer main Methode benötigt. Diese Hauptmethode startet das Programm und die Ausführung des eigentlichen Codes erfolgt. Jede Anweisung wird in der main Methode sequenziell ausgeführt und muss die Signatur public static void main (String[] args) besitzen.[20] Das Mainprogramm benötigt laut

---

[18] Vgl. Riesen, 2020, S. 146 f.
[19] Vgl. Riesen, 2020 S. 208
[20] Vgl. Riesen, 2020, S. 86

Problemstellung Beispielsdaten für verschiedenen Freunde inklusiver ihrer Adressen, welche in einer Kartei angelegt werden sollen. Auch das Löschen und eine Änderung eines Eintrages soll exemplarisch vorgenommen, sowie eine Adresse aller Freunde angelegt und ausgegeben werden. Zunächst werden die Objekte der Klassen Friend und Address instanziiert werden.

```
// Instantiation Friend
Friend f51 = new Friend (51, "Myriam", "Gesing", "25. April 1943");
Friend f52 = new Friend (52, "Hugo", "Störmer", "09. Juli 2000");
Friend f53 = new Friend (53, "Luisa", "Flender", "25. Juli 1957");
Friend f54 = new Friend (54, "Lilo", "Schuricht", "10. August 1996");
Friend f55 = new Friend (55, "James", "Moriarty", "06. Oktober 1980");

// Instantiation addresses
Address adr10 = new Address("Dappricher Hof 75", "13599", "Haselhorst");
Address adr12 = new Address("Am Streite 108", "54597", "Steffeln");
Address adr13 = new Address("Pelzerstraße 161", "90089", "Bad Füssing");
Address adr14 = new Address("Hoher Rain 140", "87754", "Kammlach");
Address adr15 = new Address("Kessenicher Straße 200 ", "46286", "Deuten");
Address adr16 = new Address("Stockton Road", "DH1 3LE", "Durham");

// Assignment of the addresses
f51.getAddressList().add(adr10);
f52.getAddressList().add(adr12);
f53.getAddressList().add(adr13);
f54.getAddressList().add(adr14);
f55.getAddressList().add(adr16);
```

Nachdem die Adressen den Freunden zugewiesen wurden, erfolgt die Bearbeitung der Einträge laut Problemstellung.

```
// Friend f54 (Lilo Schuricht) is deleted from addressList
delId(54);

// Change surname from friend f51
newSurname(51, "Vogt");

// Change firstname from friend f52
f52.setFirstname("Wolfgang");

// adr13 new postalcode
Adr13.setPostalCode("25719");

// adr16 change city
Adr15.setCity("Meyn");

// adr16 change postalcode
Adr15.setPostalCode("24980");
```

Gemäß der Aufgabenstellung wurde einem Freund eine zweite Adresse zugewiesen und ein Code entwickelt, welcher die Anzahl an Freunden ausgibt.

```
Iterator<Integer> iterator = addressList.keySet().iterator();
```

```
while(iterator.hasNext())
{
        Friend f = addressList.get(iterator.next());
        Friend.totalFriends(f);
}
totalFriends();
```

Zur Prüfung der Funktionsfähigkeit des Programmes wird das Programm ausgeführt und eine Adressliste ausgegeben.

```
Myriam Vogt geboren am: 24. April 1943
wohnhaft: Dappricher Hof 75, 13599 Haselhorst

Wolfgang Strömer geboren am: 09. Juli 2000
wohnhaft: Am Streite 108, 54597 Steffeln

Luisa Flender geboren am: 25. Juli 1957
wohnhaft: Pelzerstraße 161, 94072 Bad Füssing

Luisa Flender geboren am: 25. Juli 1957
wohnhaft: Pelzerstraße 161, 25719Meyn

James Moriarty geboren am: 06. Oktober 1980
wohnhaft: Stockton Road, DH1 3LE Durham

Du hast 5 Freunde in Deiner Liste.
```

3.4 Programmierfehler

Es kommt zu Anfängen häufig vor, dass bei der Programmierung Fehlermeldungen auf der Konsole ausgegeben werden. Mögliche Ursachen sind beispielsweise der fehlende Abschluss einer Anweisung mit einem Semikolon, Zeichenketten nicht in doppelte Anführungszeichen zu setzen, die Groß- und Kleinschreibung bei Variablen zu missachten, geschweifte und runde Klammern zu verwechseln oder nicht korrekt zu schachteln. Außerdem kann sich Code außerhalb der Klasse und nicht innerhalb der geschweiften Klammern der Klassendefinition befinden. Eine weitere logische Fehlerquelle ist die Verwechslung der ArrayList und der HashMap. Die in diesem Beispiel verwendete Entwicklungsumgebung (IDE) IntelliJ zeigt den Ursprung des Fehlers im Code an und stellt hilfreiche Vorschläge zur Art des Fehlers und der Fehlerbeseitigung zur Verfügung.

4. Fazit

4.1 Zusammenfassung

Das Ziel dieses Assignment besteht darin, die ersten Schritte in der Java-Programmierung zu erlernen und eine einfache Anwendung zur Verwaltung eines elektronischen Karteisystems zu erstellen. Bereits bei der Einführung und Literaturrecherche wurde deutlich, wie komplex dieses Thema ist. Obwohl die Anwendung einen relativ geringen Anforderungskatalog aufwies, stellte sich schon früh heraus, dass ein methodisches Vorgehen für den Programmierprozess von elementarer Bedeutung ist. Trotz der systematischen Arbeitsweise waren Fehler bei der Codierung unvermeidlich. Im Allgemeinen handelte es sich hierbei um typische Anfängerfehler wie das Missachten der Groß- bzw. Kleinschreibung von Variablen oder, dass ein Semikolon nach einer Anweisung vergessen wird einzufügen. Die hierbei genutzte Entwicklungsumgebung IntelliJ zeigt die Fehlerquelle im Quellcode an und liefert nützliche Informationen über die Art des Fehlers und deren mögliche Behebung. Zusammenfassend stellt sich heraus, dass selbst bei kleinen und einfachen Anwendungen während des Tests kontinuierliche Änderungen vornehmen müssen. Eine (Weiter-)Entwicklung erscheint ein nie endender Prozess zu sein.

4.2 Kritische Reflexion

Es sollten nur die wichtigsten Methoden für das Problem dieser Herausforderung verfügbar sein, was jedoch auf Kosten der Benutzerfreundlichkeit und Benutzerfreundlichkeit des Programms geht. Beispielsweise werden im Hauptprogramm die Klassen nur getestet und die Daten gehen verloren, wenn die Anwendung beendet wird. Hier gibt es Verbesserungspotenzial, etwa Möglichkeiten zum Speichern von Textdateien und Möglichkeiten zur Anbindung an Datenbanken. Auch die Ausgabe erfolgt sequenziell, die alphabetische Sortierung ist also ein weiterer Verbesserungsschritt. Zur Benutzerfreundlichkeit können Sie auch eine grafische Benutzeroberfläche (GUI) entwickeln, die Benutzerfehler verhindert.

Literaturverzeichnis

Abts, D., 2013, *Grundkurs JAVA: Von den Grundlagen bis zu Datenbank- und Netzanwendungen*. 7., akt. Aufl. 2013. Wiesbaden: Springer Fachmedien Wiesbaden Imprint Springer Vieweg.

Boles, D. and Boles, C., 2014, *Objektorientierte Programmierung spielend gelernt mit dem Java-Hamster-Modell*. 3., durchges. Aufl. Wiesbaden: Springer Fachmedien.

Goll, J. and Heinisch, C., 2016, *Java als erste Programmiersprache: Grundkurs für Hochschulen*. 8., überarbeitete Auflage. Wiesbaden: Springer Vieweg. Available at: https://doi.org/10.1007/978-3-658-12118-1.

Hölzl, M., Raed, A. and Wirsing, M., 2013, *Java kompakt: Eine Einführung in die Software-Entwicklung mit Java*. Berlin, Heidelberg: Springer Berlin Heidelberg Imprint Springer (EXamen.press).

Ratz, D. *et al.*, 2014, *Grundkurs Programmieren in Java*. 7., überarbeitete und erweiterte Auflage. München: Hanser.

Riesen, K., 2020, *JAVA in 14 Wochen ein Lehrbuch für Studierende der Wirtschaftsinformatik*. S.l.: Morgan Kaufmann.

Rumpe, B., 2011, *Modellierung mit UML: Sprache, Konzepte und Methodik*. Berlin, Heidelberg: Springer-Verlag Berlin Heidelberg (Modellierung mit UML).

Silberbauer, C., 2020, *Einstieg in Java und OOP: Grundelemente, Objektorientierung, Design-Patterns und Aspektorientierung*. 2., aktualisierte und erweiterte Auflage. Berlin [Heidelberg]: Springer Vieweg (Lehrbuch).

Ullenboom, C., 2023, *Java ist auch eine Insel: Einführung, Ausbildung, Praxis*. 16., aktualisierte und überarbeitete Auflage, 1., korrigierter Nachdruck 2023. Bonn: Rheinwerk Verlag (Rheinwerk Computing).